朝からうまっ1分ごはん

きじまりゅうた

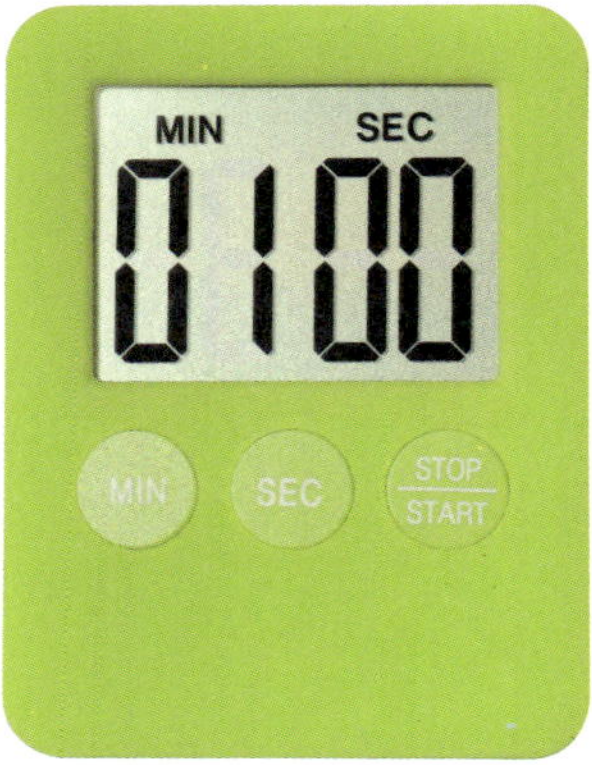

青春新書
PLAYBOOKS

朝の1分ごはんで、元気にスタート！

朝ごはんを食べると太りにくい体になる、らしい。朝ごはんを食べると脳が活性化する、らしい……。

僕は料理家だ。医者でも学者でもないので、ホントかどうかはわからない。でも、これだけはわかる。朝ごはんを食べると、その日一日、元気に過ごすことができる。これは実感なので、絶対だ。

でも、朝は何かと忙しいし、5分でも長く寝ていたい。そんな気分ももちろんわかる。実は僕だってそのクチだ。

だから、朝ごはんはできるだけ短い時間で作れて、ササッと食べられるものにかぎる。

で、この本。たしかに、料理のセオリーを無視した料理もこの本にはある。昔ながらの正しい朝食に比べたら、栄養学的にダメな部分があるだろう。だけど、この本のレシピは絶対においしいし、こんなに早く作れて、こんなにおいしいんだったら、アリじゃないかなと思う。

サクッと作って、ササッと食べて、毎日元気にスタートしよう！

朝から うまっ 1分ごはん

contents

のっけるだけの朝のミニ丼

めかぶ納豆丼……12
きざみオクラ丼……14
たたきとろろ丼……15
焼き鳥コチュジャン丼……16
ユーリンチー丼……18
ねぎチャーシュー丼……19
ゴーヤーチャンプルー丼……20
トマト丼……22
シーフードサラダ丼……23
海藻サラダ丼……24
アボカドディップ丼……26

メンマやっこ丼……27
さばバンバンジー丼……28
ツナキムチ丼……30
魚肉ソーセージのごま和え丼……31

チンするだけの朝のミニ丼

スクランブルエッグ丼……32
ハムエッグ丼……34
天津丼……35
甘辛コロッケ丼……36
焼き鳥親子丼……38

カツ丼……39
なんちゃって天丼……40
チキン南蛮丼……41
豆腐チゲ丼……42
油揚げの焼肉丼……44
チーズ蒲焼き丼……45
もやしとちくわのカレードレッシング丼……46
きのこのお茶漬け海苔和え丼……47

お粥・雑炊・スープごはん

梅卵雑炊……48

みそバター雑炊……50

豆乳雑炊……51

お粥……52

ミルク粥……53

かにかま中華粥……54

キムチクッパ……55

にらとわかめのクッパ……56

コーンスープのパン粥……58

冷やし茶漬け……59

なんでもかんでも混ぜごはん

さけの混ぜ寿司……60

ひじきとゆかりの混ぜごはん……62

かくやごはん……63

中華ほたて混ぜごはん……64

さけチーズ韓国海苔の混ぜごはん……66

かにかま葉っぱ混ぜごはん……67

肉混ぜごはん……68

ツナ混ぜごはん……69

バターしょうゆごはん……70

たぬきごはん……71
豆ごはん……72
コーンごはん……73

気持ちいい朝のカフェごはん

タコライス……74
ロコモコ……76
きんぴらサラダごはん……77
フライパン焼きビビンバ……78
チョレギサラダビビンバ……80
ピザ焼きめし……81
りんごのコンポート……82
フルーツヨーグルト……83

朝からこだわる洋食ごはん

オムライス……84
ポタージュドリア……86
温玉ミートドリア……87
ポテサラグラタン……88
シーザーパンサラダ……90
ライスサラダ……91
トマトリゾット……92

オニオングラタンスープ……94
チーズフォンデュ……95

つるっといきたい朝のめん

明太子うどん……96
みそバタキムチうどん……98
かま玉うどん……99
なめ茸昆布うどん……100
ねぎきつねうどん……101
トマトスープうどん……102
冷やしもずくそうめん……103
とろろ昆布と梅のにゅうめん……104
にゅうめん……106
みそ汁そうめん……107
エスニック汁そうめん……108
坦々そうめん……110
フォー風春雨……111

はさむだけのサンドイッチ

さけとクリームチーズの
ベーグルサンド……112
カレーコンビーフのベーグルサンド……114

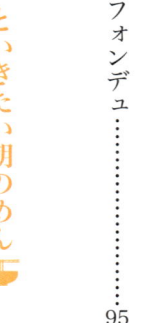

ベーコンレタスサンド……115
テリヤキミートボールパン……116
ハムエッグマフィンサンド……118
中華マフィンサンド……119
キャベツサンド……120
たまご焼きサンド……121

のっけるだけのオープンサンド

小えびとクリームチーズのオープンサンド……122
アボカド明太子のオープンサンド……124
さばとらっきょうのタルタルブルスケッタ……125
トマトとしらすのマリネのブルスケッタ……126
マルゲリータトースト……128
ツナピザパン……129
チーズカレートースト……130
豆腐トースト……131
チョコバナナトースト……132
小倉トースト……134
ハニーチーズトースト……135

かけたり混ぜたりシリアルごはん

シリアルと温野菜のサラダ……136
ミートソースシリアル……138
クラムチャウダーシリアル……139
シリアルオムレツ……140
おこげシリアル……142
豆乳シリアル……143
ヨーグルトシリアル……144
ホットココアシリアル……145

チンするだけの朝のもち

もち茶漬け……146
みそ雑煮……148
モーニングしるこ……149
力汁……150
納豆もち……151
もち明太チーズ……152
韓国風磯辺焼き……153
材料別さくいん……154

朝の1分ごはんのルール

●ごはんのこと

ごはんは温かいものを使用。
1膳＝150g
少なめ1膳＝100～120g

●めんのこと

1ℓくらいのたっぷりの熱湯でゆでること。それが時短のコツ。特にそうめんは少ないお湯だとそうめん自体の塩気が抜けず、塩辛くなるので注意。

●もちのこと

火の通りが早い切り込み入りのものを使用。

●卵のこと

Mサイズを使用。

電子レンジで加熱するときは、卵の破裂を防ぐため、必ず黄身と白身に数カ所穴をあけ、しっかりラップをすること。

●電子レンジのこと

600Wを使用。

加熱時間は容器の形状や大きさによって変わってくるので調節を。

●オーブントースターのこと

1000Wを使用。

本書では時短のために、オーブントースター内にちょっと深めの耐熱容器を裏返して置き、その上にパンやグラタンなどをのせて焼いている。トースターの熱源に近づくので、短時間で焼き目をつけられる。ただし、近づけ過ぎると危険なので、くれぐれも注意して。

●大さじ・小さじ・計量カップのこと

大さじ1＝15cc
小さじ1＝5cc
1カップ＝200cc

まずは、お馴染のねばねばコンビです

めかぶ納豆丼

①めかぶと納豆をそれぞれよく混ぜて、納豆は添付のたれで味つけする。

②ごはんにめかぶと納豆をかけ、好みで辛子を添える。

POINT
ここではめかぶと納豆を別々に盛りつけたけど、混ぜ合わせてしまってもいい。

[材料]
ごはん…１膳
味つきめかぶ…小１パック
納豆…小１パック
辛子…適宜

オクラはゆでずに「生」がポイント!

きざみオクラ丼

① オクラのヘタを取り、ごく薄い小口切りにする。

② オクラ、梅肉、かつおぶし、白ごま、ポン酢を混ぜ、ごはんにのせる。

POINT

生のオクラの食感は好き嫌いがあるかも。どうしても気になるならさっと下ゆでして。

[材料]

ごはん…1膳
オクラ…3本
梅肉…大さじ1/2
かつおぶし…ふたつまみ
白ごま…少々
ポン酢…小さじ1

シャクシャクねば〜が癖になりそう

たたき とろろ丼

① 長いもの皮をむいてビニール袋に入れ、めん棒やビンなどで叩き割る。

② ごはんに長いもをのせてしょうゆをかけ、海苔をちらして、わさびを添える。

POINT

長いもはあまり細かく叩くより、少し大きめのほうが食感が楽しめる。

[材料]

ごはん…1膳
長いも…3cm
しょうゆ…小さじ1
刻み海苔…適量
わさび…少々

ぜんぶかき混ぜて豪快にかきこもう！

焼き鳥コチュジャン丼

① 焼き鳥にコチュジャンと白ごまを和える。

② ごはんにちぎったサラダ菜と1の焼き鳥をのせて、真ん中に卵黄をおく。

［材料］

ごはん…１膳
焼き鳥（缶詰・たれ）…５コ
コチュジャン…小さじ1/2
白ごま…小さじ１
サラダ菜…１枚
卵黄…１コ

POINT

もちろん、缶詰ではなく、普通の焼き鳥を使ってもＯＫ。

男子はきっと、みんな大好物のはず

ユーリンチー丼

① 鶏の唐揚げを4等分に、長ねぎは粗めのみじん切りにする。

② ボウルにしょうゆ、酢、砂糖を合わせ、唐揚げと長ねぎを加えてよく和える。

③ 2をごはんにのせる。

POINT

鶏の唐揚げの代わりにわかさぎの唐揚げで作れば南蛮漬け丼になる。

[材料]

ごはん…1膳
鶏の唐揚げ…3コ
長ねぎ…2cm
しょうゆ…小さじ1 1/2
酢…小さじ1 1/2
砂糖…小さじ1/3

コンビニのチャーシューに、このひと手間！

ねぎチャーシュー丼

①長ねぎを縦にせん切りにし、水にさらして水気をきる。

②1の長ねぎをラー油と塩で和える。

③ごはんにチャーシューを並べ、2の長ねぎをのせる。

POINT
長ねぎのせん切りが面倒なら、小口切りでもOK。

［材料］
ごはん…1膳
チャーシュー薄切り…3枚
長ねぎ…5cm
ラー油…小さじ1/3
塩…少々

夏の朝はこれに決まってるさ〜

ゴーヤーチャンプルー丼

[材料]

ごはん…１膳
ゴーヤー…３cm
木綿豆腐…１/６丁
しょうゆ…少々
塩…少々
すりごま…小さじ１/３
かつおぶし…ふたつまみ

① ゴーヤーを縦半分に切って種とわたを取り除き、ごく薄切りにする。

② 木綿豆腐は食べやすい大きさにスプーンですくう。

③ ゴーヤー、豆腐、しょうゆ、塩、すりごまを混ぜ合わせ、ごはんにのせてかつおぶしをふる。

POINT
ゴーヤーが苦手なら、きゅうりでもおいしいよ。

トマトでごはん？
でも意外においしいよ

トマト丼

①プチトマトはヘタをとって4等分に切る。

②しそは細切りにする。

③トマトとしそをフレンチドレッシングで和え、ごはんにのせる。

［材料］
ごはん…1膳
プチトマト…3コ
しそ…1枚
フレンチドレッシング…大さじ1

世界一手軽なシーフードを使って

シーフードサラダ丼

①かにかまを半分の長さに切る。きゅうりは細切りにする。

②ごはんにかにかまときゅうりをのせ、マヨネーズとしょうゆを混ぜたソースをかける。

POINT

かにかまの代わりに刺身を使えば豪華な朝ごはんに。

[材料]

ごはん…1膳
かにかま…3本
きゅうり…5cm
マヨネーズ…大さじ1
しょうゆ…小さじ1/2

ヘルシーでさっぱり、朝食の女王の風格

海藻サラダ丼

[材料]

ごはん…1膳
海藻ミックス（刺身用）…大さじ3
ベビーリーフ…1/2袋
フレンチドレッシング…大さじ1

① ベビーリーフを食べやすい大きさにちぎって海藻ミックスと混ぜ、フレンチドレッシングで和える。

② 1をごはんにのせる。

POINT

乾燥の海藻ミックスを使うときは、水につけてもどす必要があるので、起床したらすぐにつけておこう。

こう見えて、
不思議と和食のテイストです

アボカドディップ丼

① アボカドは縦に1周切り込みを入れて、両手でひねって半分に分ける。種を取って皮をむく。

② ボウルにアボカド、かつおぶし、しょうゆ、塩を入れてよく混ぜ、ごはんにのせる。

［材料］

ごはん…1膳
アボカド…1/2コ
かつおぶし…少々
しょうゆ…小さじ1/2
塩…少々

これなら、食欲がなくてもツルッと食べられる

メンマやっこ丼

① 絹ごし豆腐を食べやすい大きさにスプーンですくう。

② 1の豆腐にメンマと塩を混ぜ、ごはんにのせ、ラー油をかける。

POINT

メンマの代わりにザーサイもおすすめ。

[材料]

ごはん…1膳
絹ごし豆腐…1/4丁
味つきメンマ…5～6本
塩…少々
ラー油…少々

朝からDHA補給で血液サラサラ

さばバンバンジー丼

［材料］

ごはん…1膳
さばの水煮（缶詰）…大2切れ
きゅうり…5cm
長ねぎ…2cm
ごまだれ…大さじ1
ラー油…小さじ1/2

① きゅうりを細切りにする。

② 長ねぎをみじん切りにして、ごまだれとラー油と混ぜる。

③ ごはんにさばときゅうりをのせ、2のたれをかける。

POINT

きゅうりは細切りでなく、ピーラーで薄くむいてもいい。

Delicious

コンビニおにぎりに
こんなのありましたね

ツナキムチ丼

① ツナとキムチを和える。

② 1にマヨネーズを加えてひと混ぜする。

③ ごはんに2をのせる。

POINT

「朝からキムチは…」って人は、たくあんやしば漬けで作ってみて。

[材料]

ごはん…1膳
ツナ（缶詰）…大さじ2
キムチ…大さじ2
マヨネーズ…大さじ1

朝だから、栄養バランスにこだわりました

魚肉ソーセージのごま和え丼

1. 魚肉ソーセージは1cm幅の輪切りにし、サラダほうれん草は5cmの長さに切る。
2. ごまだれ、しょうゆ、ラー油を混ぜて1を和える。
3. 2をごはんにのせる。

［材料］

ごはん…1膳
魚肉ソーセージ…大1/2本
サラダほうれん草…小1株
ごまだれ…大さじ1
しょうゆ…少々
ラー油…少々

とろとろ卵とバターの香りがたまらない！

スクランブルエッグ丼

① 耐熱容器に卵、牛乳、塩、こしょう、バターを入れてよく溶き混ぜる。

② ラップをかけて電子レンジで50秒加熱し、すぐに箸でよくかき混ぜる。

③ もう一度5～10秒ほどレンジにかけ、好みのかたさになったらごはんにのせる。

POINT

電子レンジから出してすぐにかき混ぜると、余熱でとろとろに仕上がる。失敗するといり卵になってしまうけど、それはそれで。

［材料］

ごはん…１膳
卵…１コ
牛乳…大さじ２
塩、こしょう…各少々
バター…５g

やっぱり朝食といえばこれでしょー

ハムエッグ丼

1. 耐熱容器にハムを並べ、卵を割り入れ、卵黄と卵白に竹串やフォークで穴をあける。
2. ラップをかけ、電子レンジで卵が好みのかたさにかたまるまで1分ほど加熱する。
3. ごはんに2をのせて、しょうゆとこしょうをかける。

POINT

黄身と白身に数カ所穴をあけることと、しっかりラップをすることを忘れずに。これを忘れると、レンジ内で卵が破裂して、そうじが大変。

［材料］

ごはん…1膳
薄切りロースハム…2枚
卵…1コ
しょうゆ…少々
粗びき黒こしょう…少々

ふんわり卵と甘酢だれが同時に完成！

天津丼

①耐熱容器に溶きほぐした卵と塩、みじん切りにした長ねぎを合わせ、ラップをかける。

②別の耐熱容器にポン酢、砂糖、鶏がらスープの素、片栗粉を入れてよく混ぜ合わせ、ラップをかける。

③1と2を電子レンジに並べ入れ、1の卵がかたまるまで1分ほど加熱する。1をごはんにのせ、2のあんを熱いうちによくかき混ぜてとろみをつけ、上からかける。

［材料］

ごはん…1膳
卵…1コ
塩…少々
長ねぎ…2cm
ポン酢…大さじ2
砂糖…小さじ1
鶏がらスープの素…小さじ1/3
片栗粉…小さじ1/2

哀愁漂う昭和テイストの朝のごちそう

甘辛コロッケ丼

［材料］
ごはん…１膳
コロッケ…１コ
めんつゆ（3倍濃縮）…大さじ１
熱湯…大さじ３
万能ねぎ…１/２本

① 耐熱容器にめんつゆと熱湯を合わせ、コロッケを入れる。

② ラップをかけ、電子レンジでコロッケが温まるまで加熱する。

③ ２のコロッケをごはんにのせ、容器に残ったたれをかけ、小口切りにした万能ねぎを添える。

POINT
万能ねぎを小口切りにするとき、キッチンばさみを使うと楽チン。

缶詰を使うから、食べたいときにいつでもOK

焼き鳥親子丼

① 耐熱容器にめんつゆと熱湯を合わせ、薄切りにした玉ねぎと焼き鳥を並べ、溶きほぐした卵を全体に回し入れる。

② ラップをかけ、電子レンジで卵がほどよくかたまるまで加熱する。

③ 2をごはんにのせる。

POINT
丼の口径と同サイズの浅めの耐熱容器を使うと、きれいな仕上がりに。

［材料］

ごはん…1膳
めんつゆ（3倍濃縮）…小さじ2
熱湯…大さじ3
玉ねぎ…小1/4コ
焼き鳥(缶詰・たれ)…4コ
卵…1/2コ

晩ごはんであまった豚カツが、翌朝に大活躍

カツ丼

① 耐熱容器にめんつゆと熱湯を合わせ、薄切りにした玉ねぎと食べやすく切った豚カツを並べ、豚カツの周りに軽く溶きほぐした卵を流し入れる。

② ラップをかけ、電子レンジで卵がほどよくかたまるまで加熱する。

③ 2をごはんにのせる。

POINT
親子丼同様、丼の口径と同サイズの浅めの耐熱容器を使うこと。

［材料］

ごはん…1膳
めんつゆ（3倍濃縮）…大さじ1
熱湯…大さじ3
玉ねぎ…小1/4コ
豚カツ…1/2枚
卵…1/2コ

食べてビックリ！ 揚げ玉マジック！

なんちゃって天丼

1. ちくわを縦半分に切り、さらに半分の長さに切る。
2. 耐熱容器にめんつゆと熱湯を合わせ、ちくわと揚げ玉を入れる。
3. ラップをかけてレンジで加熱し、ごはんにのせる。小口切りにした万能ねぎをちらす。

POINT

盛りつけてから、好みで揚げ玉をちらせば、サクサクの食感も楽しめる。

［材料］

ごはん…１膳
めんつゆ（３倍濃縮）…大さじ１
熱湯…大さじ３
ちくわ（細）…１本
揚げ玉…大さじ２
万能ねぎ…１/２本

朝から宮崎名物に舌つづみを打っちゃう？

チキン南蛮丼

①ポン酢、砂糖、片栗粉を合わせて電子レンジで温め、よく混ぜる。

②鶏の唐揚げを4等分にスライスしてごはんにのせ、1のあんとタルタルソースをかける。キャベツを添える。

POINT

あんは熱いうちによく混ぜて冷ましていくと、次第に理想的なとろとろ具合に。

［材料］

ごはん…１膳
鶏の唐揚げ…２コ
ポン酢…大さじ２
砂糖…小さじ１
片栗粉…小さじ１/２
タルタルソース…適量
キャベツ（せん切り）…適量

大豆パワーとキムチパワーを注入！

豆腐チゲ丼

［材料］

ごはん…１膳
絹ごし豆腐…１/４丁
キムチ…大さじ２
鶏がらスープの素…小さじ１/２

①絹ごし豆腐を3等分に切る。キムチと鶏がらスープの素を混ぜる。

②耐熱容器に豆腐を並べ、上にキムチをのせてラップをかける。

③電子レンジで加熱し、温まったらごはんにのせる。

POINT

豆腐とキムチから出る水分が鶏がらスープの素と混ざり、味わいのあるスープになる。

肉がないのに焼肉丼とは如何に!?

油揚げの焼肉丼

1. 油揚げをキッチンペーパーで包んで電子レンジに40秒ほどかけ、キッチンペーパーを押しつけて油を吸い取る。

2. 油揚げを食べやすい大きさに切り、焼肉のたれをからめ、ごはんにのせる。ちぎったサンチュを添える。

[材料]

ごはん…１膳
油揚げ…１枚
焼肉のたれ…大さじ１
サンチュ…１枚

さんまの蒲焼きが
チーズと出会っちゃいました

チーズ蒲焼き丼

1. 耐熱容器にさんまの蒲焼きを入れ、ピザ用チーズをかける。
2. 電子レンジでチーズがとけるまで加熱し、ごはんにのせる。一味唐辛子をふる。

[材料]

ごはん…1膳
さんまの蒲焼き（缶詰）
…1/2缶分
ピザ用チーズ…大さじ1
一味唐辛子…少々

財布に嬉しい食卓の優等生も、時にはスパイシーに

もやしとちくわのカレードレッシング丼

① ドレッシングとカレー粉を混ぜる。

② 耐熱容器にもやしを入れてラップをかけ、電子レンジでしんなりするまで加熱して汁気を捨てる。

③ もやし、小さめの乱切りにしたちくわ、1のカレードレッシングを混ぜ合わせ、ごはんにのせる。

POINT

カレードレッシングの代わりに焼肉のたれを使えば野菜炒め風に。

[材料]

ごはん…1膳
フレンチドレッシング…大さじ1 1/2
カレー粉…小さじ1/4
もやし…ひとつかみ
ちくわ（細）…1/2本

お茶漬けの素を、こんな風に使ってみた

きのこのお茶漬け海苔和え丼

1. しめじは石づきを取ってほぐし、半分の長さに切る。
2. 耐熱容器にしめじを並べてラップをかけ、電子レンジでしんなりするまで加熱する。
3. しめじをお茶漬け海苔で和えて、ごはんにのせる。

POINT
しめじなどのきのこのほかに、アスパラガスやブロッコリーもおすすめ。

[材料]
ごはん…１膳
しめじ…１/２パック
お茶漬け海苔…１袋

飲み過ぎた次の日の朝の定番になりそう

梅卵雑炊

①ごはんをザルに入れて水で洗い、ぬめりをとる。

②耐熱容器に水気をしっかりきったごはんを入れ、卵スープの素と熱湯を加えてよく混ぜる。

③ラップをかけ、電子レンジで1分ほど加熱し、仕上げに梅肉をのせる。

POINT

ごはんを水で洗ってぬめりをとることで、さらさらの上品な雑炊に。

［材料］

ごはん…少なめ１膳
卵スープの素…１杯分
熱湯…卵スープの素の表示よりやや少なめ
梅肉…小さじ１

バターを加えるだけで、うまさ爆発！

みそバター雑炊

1. ごはんをザルに入れて水で洗い、ぬめりをとる。
2. 耐熱容器に水気をしっかりきったごはんを入れ、インスタントみそ汁の素と熱湯を加えてよく混ぜる。
3. ラップをかけ、電子レンジで1分ほど加熱し、バターをのせる。

［材料］

ごはん…少なめ１膳
インスタントみそ汁の素…１杯分
熱湯…みそ汁の素の表示より少なめ
バター…５g

さっぱりといただける和のスープごはん

豆乳雑炊

1. ごはんをザルに入れて水で洗い、ぬめりをとる。

2. 耐熱容器に水気をしっかりきったごはんを入れ、豆乳、熱湯、だしの素を加えてよく混ぜる。

3. ラップをかけ、電子レンジで1分ほど加熱し、仕上げにポン酢をかけてゆずこしょうをのせる。

［材料］

ごはん…少なめ１膳
豆乳…大さじ４
熱湯…大さじ５
だしの素（顆粒）…小さじ１
ポン酢…適量
ゆずこしょう…適量

なんだ、お粥ってレンジで作れたんだ

お粥

1. 耐熱容器にごはんを入れ、熱湯を注いでよく混ぜる。
2. ラップをかけ、電子レンジで1分ほど加熱する。
3. 梅干しを添える。

［材料］

ごはん…少なめ1膳
熱湯…3/4カップ
梅干し…1コ

見た目や料理名とは裏腹に、
パンチのある味です

ミルク粥

1. 耐熱容器にごはんを入れ、牛乳、熱湯、コンソメの素を加えてよく混ぜる。
2. ラップをかけ、電子レンジで1分ほど加熱する。
3. 仕上げに粗びき黒こしょうをふる。

POINT
コンソメの素をだしの素に変えれば、料理名通りの優しい味わいに。

［材料］
ごはん…少なめ１膳
牛乳…大さじ６
熱湯…大さじ４
コンソメの素（顆粒）…小さじ１
粗びき黒こしょう…少々

中国の朝食といえば、
しっかり味のお粥ですね

かにかま中華粥

1 耐熱容器にごはんを入れ、鶏がらスープの素と熱湯を入れてよく混ぜ、かにかまを裂いてのせる。

2 ラップをかけ、電子レンジで1分ほど加熱する。

3 小口切りにした万能ねぎをちらす。

[材料]

ごはん…少なめ1膳
鶏がらスープの素…小さじ1
熱湯…3/4カップ
かにかま…1本
万能ねぎ…1/2本

朝から食べても…いいんです！

キムチクッパ

① ごはんをザルに入れて水で洗い、ぬめりをとる。

② 耐熱容器に水気をしっかりきったごはんを入れ、インスタントみそ汁の素、熱湯、キムチを加えてよく混ぜる。

③ ラップをかけ、電子レンジで1分ほど加熱する。

［材料］

ごはん…少なめ１膳
インスタントみそ汁の素…１杯分
熱湯…みそ汁の素の表示よりやや少なめ
キムチ…大さじ２

「体に優しい朝食」とは、ズバリこういうこと

にらとわかめのクッパ

[材料]

ごはん…少なめ１膳
わかめスープの素（粉末）…１杯分
熱湯…わかめスープの素の表示よりやや少なめ
にら…３本

① ごはんをザルに入れて水で洗い、ぬめりをとる。

② 耐熱容器に水気をしっかりきったごはんを入れ、わかめスープの素と熱湯を加えてよく混ぜ、２cm長さに切ったにらをちらす。

③ ラップをかけ、電子レンジで1分ほど加熱する。

イタリアのパン粥をヒントに簡単に

コーンスープのパン粥

1 耐熱容器にコーンスープの素と熱湯を入れてよく混ぜ、バゲットをちぎって加える。

2 ラップをかけ、電子レンジで50秒ほど加熱する。

3 乾燥パセリをかける。

POINT

古くなってかたくなったバゲットでOK。冷めるとかたまってくるので熱々のうちに食べよう。

［材料］

バゲット…5cm
コーンスープの素（粉末）…1杯分
熱湯…コーンスープの素の表示よりやや少なめ
乾燥パセリ…少々

熱帯夜の翌朝、朝食くらいは涼しげに

冷やし茶漬け

1 ごはんをザルに入れて水で洗い、水気をしっかりきって器に入れる。

2 1に冷たい緑茶を注いで好みで氷を浮かべ、梅干しと昆布の佃煮をのせる。

POINT

冷たいほうじ茶で作っても、なかなか味わい深いお茶漬けに。

［材料］

ごはん…少なめ１膳
冷たい緑茶…３/５カップ
氷…適宜
梅干し…１コ
昆布の佃煮…大さじ１

さけ、ガリ、しそ、ごま…まずいはずなし！

さけの混ぜ寿司

1. ごはんにガリの漬け汁を混ぜる。
2. ガリとしそはせん切りにする。
3. 1のごはんに、さけフレーク、ガリ、しそ、白ごまを混ぜる。

POINT

ガリの漬け汁とごはんを混ぜると、簡単な酢めしになる。

［材料］

- ごはん…１膳
- さけフレーク…大さじ１
- ガリ…適量
- ガリの漬け汁…小さじ１
- しそ…２枚
- 白ごま…適量

買ってきたお惣菜でチャチャッと

ひじきとゆかりの混ぜごはん

1 ひじきの煮物の汁気をきる。

2 ごはんにひじきとゆかりを混ぜる。

POINT

ひじきの煮物の味つけによって、ゆかりの量を調整すること。

[材料]

ごはん…１膳
ひじきの煮物…大さじ２
ゆかり…小さじ１/２

要するに、漬け物を刻んでごはんに混ぜたもの

かくやごはん

1 しば漬け、つぼ漬けを粗いみじん切りにする。

2 ごはんに1の漬け物、かつおぶし、しょうゆを混ぜる。

[材料]

ごはん…1膳
しば漬け…大さじ1
つぼ漬け…大さじ1
かつおぶし…少々
しょうゆ…少々

うまみたっぷりで、朝から大満足！

中華ほたて混ぜごはん

① ほたての汁気をきる。

② かいわれ菜は半分の長さに切る。

③ ごはんにほたて、かいわれ菜、オイスターソースを混ぜる。

[材料]

ごはん…1膳
ほたてのほぐし身（缶詰）
…大さじ1 1/2
かいわれ菜…適量
オイスターソース…小さじ1

なぜチーカマの味がするかは、原因不明

さけチーズ韓国海苔の混ぜごはん

1 ごはんにさけフレーク、ピザ用チーズ、ちぎった韓国海苔を混ぜる。

POINT
さけフレークをツナに変えてもおいしい。

[材料]
ごはん…1膳
さけフレーク…大さじ1
ピザ用チーズ…大さじ1
韓国海苔…1枚

ポン酢とマヨがいい仕事をしてくれます

かにかま葉っぱ混ぜごはん

1 かにかまを1cm幅に切る。レタスは食べやすい大きさにちぎる。

2 ごはんにポン酢とマヨネーズを混ぜ、かにかまとレタスを加える。

［材料］

ごはん…1膳
かにかま…2本
レタス…1枚
ポン酢…小さじ1
マヨネーズ…大さじ1

ちょっと大人味の朝ごはん

肉混ぜごはん

① 牛肉大和煮を細かくちぎる。

② しそを粗めのみじん切りにする。

③ ごはんに牛肉大和煮としそを混ぜる。

POINT

牛肉大和煮は、ゼリー状にかたまったたれも一緒に加える。ごはんの熱で溶けておいしさアップ。量はお好みで。

［材料］

ごはん…１膳
牛肉大和煮（缶詰）…３枚
しそ…２枚

はい、想像通りの味です。おいしいですよ

ツナ混ぜごはん

1. かいわれ菜を半分の長さに切る。
2. ごはんにツナ、しょうゆ、かいわれ菜を混ぜる。

［材料］
ごはん…1膳
ツナ（缶詰）…大さじ2
しょうゆ…大さじ1/2
かいわれ菜…適量

POINT
マヨネーズを好みで加えればツナマヨ混ぜごはんに。

何人たりとも抗えないヒキョーな味

バターしょうゆごはん

1 長ねぎは粗めのみじん切りにする。

2 ごはんにバターの半量、しょうゆ、長ねぎを混ぜる。

3 仕上げに残りのバターをのせ、好みでしょうゆをかける。

[材料]

ごはん…1膳
バター…10g
しょうゆ…大さじ1/2
長ねぎ…2cm

たしかに品がない…でも味は一級品！

たぬきごはん

1 万能ねぎは小口切りにする。

2 ごはんに揚げ玉、めんつゆ、万能ねぎを混ぜる。

POINT

揚げ玉のカリカリ感を楽しみたければこのやり方で。揚げ玉をしっとりさせたければ、揚げ玉にめんつゆを吸わせてからごはんと混ぜる。

［材料］

ごはん…１膳
揚げ玉…大さじ２
めんつゆ（３倍濃縮）…小さじ２
万能ねぎ…１本

豆がほくほく、隠し味は昆布茶です

豆ごはん

1 ごはんにミックスビーンズと昆布茶を混ぜる。

POINT
昆布茶をコンソメの素に変えれば、洋風豆ごはんに。

[材料]
ごはん…１膳
ミックスビーンズ（缶詰）…大さじ２
昆布茶…小さじ１

子供が喜びそうだけど、大人も大喜び

コーンごはん

1 コーンは汁気をきる。

2 ごはんにコーン、コンソメの素、バターを混ぜる。

POINT

子供は喜ばないかもしれないけど、パセリをちらすと華やかな彩りに。

[材料]

ごはん…１膳
コーン（缶詰）…大さじ２
コンソメの素（顆粒）…小さじ１/２
バター…１０g

味のポイントはタバスコとレモン汁でした

タコライス

① ミートソースを温め、タバスコとレモン汁を混ぜる。

② レタスを食べやすい大きさにちぎる。

③ ごはんにレタスをのせ、1のソース、ピザ用チーズをかける。

POINT

ミートソースは、トマトの味が強めのものがおすすめ。

［材料］

ごはん…1膳
ミートソース…大さじ4
タバスコ…少々
レモン汁…小さじ1/2
レタス…4枚
ピザ用チーズ…大さじ1

アロハ気分の楽しい一日がはじまりそう

ロコモコ

1 耐熱容器にハンバーグを入れる。横に卵を割り入れ、黄身と白身に竹串やフォークで穴をあける。

2 ラップをかけ、電子レンジで卵がかたまるまで1分ほど加熱する。

3 ごはんにサラダ菜をしき、2のハンバーグと卵をのせる。

POINT

ハンバーグと卵が並んで入るくらいの大きさの浅めの耐熱容器で作ること。

[材料]

ごはん…1膳
ハンバーグ（レトルト）…1/2コ
卵…1コ
サラダ菜…2枚

お惣菜のきんぴらを混ぜるだけ！

きんぴらサラダごはん

1 ごはんにきんぴらごぼうと中華ドレッシングを混ぜる。

2 大きめにちぎったレタスを添える。

POINT

きんぴらの味によってドレッシングの量は調整して。

［材料］

ごはん…１膳
きんぴらごぼう…適量
中華ドレッシング…大さじ１
レタス…２枚

日本のお惣菜と韓国料理が朝からコラボ！

フライパン焼きビビンバ

［材料］

ごはん…１膳
きんぴらごぼう…適量
ひじきの煮物…適量
切り干し大根の煮物…適量
卵黄…１コ
コチュジャン…適量
ごま油…小さじ１

① ごま油をひいて熱したフライパンに、ごはんを広げ入れる。

② 火にかけたまま、ごはんの上にきんぴらごぼう、ひじきの煮物、切り干し大根の煮物をのせる。

③ 中央に卵黄をおいて、コチュジャンを添える。

POINT
15cmくらいのフライパンを使うとちょうどいい。

野菜をわしゃわしゃ食べる充実感

チョレギサラダビビンバ

1. サンチュは小さめにちぎり、きゅうりは細切りにする。
2. サンチュときゅうりを焼肉のたれとレモン汁で和え、ごはんにのせて白ごまをふる。

POINT

きゅうりはビンやめん棒で叩いてちぎれば、包丁いらず。

［材料］

ごはん…１膳
サンチュ…１枚
きゅうり…５cm
焼肉のたれ…小さじ２
レモン汁…少々
白ごま…少々

ピザか焼きめしか…朝から悩ましい

ピザ焼きめし

① オリーブ油をひいて熱したフライパンに、ごはんを広げ入れる。

② ごはんにピザソースを塗り、食べやすく切ったハムとピザ用チーズをのせる。

③ フタをしてチーズがとけるまで火にかける。

POINT

フライパンは15cmくらいのものを使用。

［材料］

ごはん…1膳
ピザソース…大さじ2
ハム…1枚
ピザ用チーズ…大さじ1
オリーブ油…大さじ1/2

作りたてのジャムの味は格別です

りんごのコンポート

1 りんごは皮をむいて縦半分に切り、種を取り除いて5㎜幅に切る。

2 耐熱容器にりんご、砂糖、レモン汁を入れて混ぜる。

3 ラップをかけ、電子レンジでりんごがしんなりするまで加熱する。バゲットにのせて食べる。

[材料]
りんご…1/2コ
砂糖…大さじ1
レモン汁…少々
バゲット…適量

なんだか懐かしいたたずまい

フルーツヨーグルト

① ヨーグルトを器に盛る。

② 1にフルーツミックスをのせる。

［材料］

プレーンヨーグルト…適量
フルーツミックス（缶詰）…適量

POINT

フルーツミックスの代わりに、季節の果物をトッピングしても。

これなら、だれが作っても失敗なし！

オムライス

①ごはん、卵、塩、こしょうを耐熱容器に入れて、あまり泡立てないように混ぜる。

②ラップをかけ、電子レンジで卵がほどよくかたまるまで1分ほど加熱する。

③ケチャップをかける。

POINT

卵を半熟ぎみに仕上げるのが、おいしさの秘訣。

[材料]

ごはん…少なめ1膳
卵…1コ
塩、こしょう…各少々
ケチャップ…適量

面倒なホワイトソースなんかいらない！

ポタージュドリア

1. 耐熱容器にごはんを入れ、ポタージュの素と熱湯を加えてよく混ぜる。
2. ピザ用チーズをのせて乾燥パセリをふりかけ、温めたオーブントースターで焼く。

［材料］

ごはん…少なめ１膳
ポタージュの素（粉末）…１杯分
熱湯…ポタージュの素の表示の１/３量
ピザ用チーズ…大さじ１
乾燥パセリ…少々

肉体派のあなたに、
朝からボリューム満点です

温玉ミートドリア

①
耐熱容器にごはんを入れ、ミートソースをかけて温泉卵をのせる。

②
粉チーズをふりかけ、温めたオーブントースターで焼く。

[材料]
ごはん…少なめ１膳
ミートソース…大さじ４
温泉卵…１コ
粉チーズ…小さじ１

市販のポテサラが熱々のグラタンに

ポテサラグラタン

［材料］

ポテトサラダ…１パック（２００g）
とけるチーズ…１枚

① 耐熱容器にポテトサラダをしき詰め、とけるチーズをのせる。

② 温めたオーブントースターで、チーズがとけるまで焼く。

POINT

マカロニサラダで作れば、もちろんマカロニグラタンになる。

クルトン代わりのバゲットが、食べごたえアリ

シーザーパンサラダ

1 バゲットは食べやすい大きさに切る。

2 ベビーリーフをフレンチドレッシングと粉チーズで和え、1のバゲットを混ぜる。

POINT

時間がある朝は、バゲットをカリカリにトーストすればさらにおいしい！

［材料］

バゲット…4cm
ベビーリーフ…ひとつかみ
フレンチドレッシング…大さじ1
粉チーズ…小さじ1

サラダ寿司風のヘルシーごはんです

ライスサラダ

①
きゅうりは小さめの角切りに、プチトマトは4等分に切る。レタスは手でちぎる。

②
温かいごはんにフレンチドレッシングを混ぜ、1の野菜を加えてさっくり混ぜる。

③
粗びき黒こしょうをふりかける。

［材料］

ごはん…少なめ1膳
きゅうり…1/2本
プチトマト…2コ
レタス…1枚
フレンチドレッシング…大さじ1 1/2
粗びき黒こしょう…少々

胃にも優しいイタリアンな朝ごはん

トマトリゾット

［材料］
ごはん…少なめ1膳
トマトジュース…大さじ5
コンソメの素（顆粒）…小さじ1
粉チーズ…小さじ1

① 耐熱容器にごはん、トマトジュース、コンソメの素を入れ、よく混ぜる。

② 粉チーズをふりかけ、ラップをして電子レンジで加熱する。

POINT
トマトの酸味が苦手なら、トマトジュースの量を減らしてそのぶん水を加えるといい。

フレンチ気分で迎える冬の朝のお楽しみ

オニオングラタンスープ

1. 耐熱容器にオニオンスープの素と熱湯を入れて混ぜる。
2. バゲットを入れて、ピザ用チーズをかける。
3. 温めたオーブントースターでチーズがとけるまで焼く。

［材料］

オニオンスープの素（粉末）…１杯分
熱湯…オニオンスープの素の表示通りの分量
バゲット（1cm厚さ）…１枚
ピザ用チーズ…大さじ１

夕食に食べたい？ ちょっと贅沢な朝ごはん

チーズフォンデュ

①カマンベールチーズは半分の高さに切った1/2コ分を使う。

②ココットなどの耐熱容器に1のチーズを入れ、電子レンジでチーズがとけるまで加熱する。

③ひと口大に切ったバゲットにつけて食べる。

POINT

バゲットだけでなく、電子レンジにかけたじゃがいもやブロッコリーを添えると、さらに充実の朝ごはんに。

［材料］

カマンベールチーズ…1/2コ
バゲット…適量

パスタより、うどんの方が実はうまい！

明太子うどん

1. 冷凍うどんを沸騰している湯に入れてほぐす。
2. ボウルに薄皮をとった明太子とバターを入れ、湯をきった1のうどんを入れてよく混ぜる。
3. 皿に盛りつけ、海苔をちらす。

[材料]

冷凍うどん…1玉
明太子…大さじ1 1/2
バター…10g
刻み海苔…適量

一日パワフルに行けそうだ！

みそバタキムチうどん

①冷凍うどんを沸騰している湯に入れてほぐす。

②みそ、牛乳、砂糖、キムチを混ぜ合わせ、湯をきった1のうどんを和える。

③皿に盛りつけ、バターをのせる。よく混ぜて食べる。

［材料］

冷凍うどん…１玉
みそ…小さじ２
牛乳…小さじ１
砂糖…少々
キムチ…大さじ２
バター…10ｇ

うまさハナマル、間違いなし！

かま玉うどん

①
冷凍うどんを沸騰している湯に入れてほぐす。

②
湯をきった1のうどんを器に入れ、卵を割り入れてめんつゆをかけ、小口切りにした万能ねぎをちらす。

③
よくかき混ぜて食べる。

POINT
万能ねぎを切るときは、キッチンばさみを使えば包丁いらず。

［材料］
冷凍うどん…１玉
卵…１コ
めんつゆ（3倍濃縮）…小さじ２
万能ねぎ…１/２本

なめ茸と塩昆布が、おいしいだし汁に

なめ茸昆布うどん

1 冷凍うどんを沸騰している湯に入れてほぐす。

2 器になめ茸、塩昆布、熱湯を入れてよく混ぜる。

3 湯をきった1のうどんを2に入れる。

[材料]

冷凍うどん…１玉
なめ茸…大さじ２
塩昆布…大さじ１
熱湯…３/５カップ(１２０cc)

鍋ひとつで一気に作れるホッとする味

ねぎきつねうどん

1. 沸騰している湯に冷凍うどん、細切りにした油揚げ、斜め切りにした長ねぎを入れてさっとゆでる。
2. 器にめんつゆと熱湯を入れて混ぜる。
3. 湯をきった1を2の器に入れ、七味唐辛子をふる。

［材料］

冷凍うどん… 1 玉
油揚げ… 1 / 4 枚
長ねぎ… 8 cm
めんつゆ（3倍濃縮）…大さじ 2
熱湯… 3/4 カップ
七味唐辛子…少々

うどんなのにイタリアの風が吹く

トマトスープうどん

1. 冷凍うどんを沸騰している湯に入れてほぐす。
2. 器にトマトスープの素と熱湯を入れて混ぜる。
3. 湯をきった1のうどんを2に入れ、粉チーズをふる。

[材料]
冷凍うどん…１玉
トマトスープの素（粉末）…１杯分
熱湯…トマトスープの素の表示通りの分量
粉チーズ…小さじ１

夏の朝の定番になりそう！

冷やしもずくそうめん

①沸騰しているたっぷりの湯でそうめんをゆで、ザルにあげて流水にさらし、水気をきる。

②そうめん、めんつゆ、味つきもずくを汁ごと混ぜ合わせ、おろししょうがを添える。

POINT

ゆでたそうめんを流水にさらすと、ぬめりがとれて口当たりがよくなる。

[材料]

そうめん…1把（50g）
めんつゆ（3倍濃縮）…小さじ2
味つきもずく…1カップ
おろししょうが…小さじ1/2

とろろ昆布のうまみがだし代わり

とろろ昆布と梅のにゅうめん

1 沸騰しているたっぷりの湯でそうめんをゆでる。

2 器に湯をきった1のそうめん、とろろ昆布、梅干し、みじん切りにした長ねぎ、しょうゆを入れ、熱湯を注ぐ。

POINT

とろろ昆布はいいだしが出るし、具にもなる。忙しい朝の強い味方だ。

［材料］

そうめん…１把（50g）
とろろ昆布…ふたつまみ
梅干し…１コ
長ねぎ…２cm
しょうゆ…少々
熱湯…３/４カップ

お吸い物の素がいい味出します

にゅうめん

1. 沸騰しているたっぷりの湯でそうめんをゆでる。
2. 器に湯をきった1のそうめん、お吸い物の素を入れて熱湯を注ぐ。
3. かまぼこをのせる。

［材料］

そうめん…1把（50g）
お吸い物の素…1杯分
熱湯…お吸い物の素の表示よりやや少なめ
かまぼこ（薄切り）…2枚

目からウロコ！　みそ汁に入れてみた

みそ汁そうめん

1. 沸騰しているたっぷりの湯でそうめんをゆでる。
2. 器にみそ汁の素と熱湯を入れて混ぜる。
3. 湯をきった1のそうめんを2に入れる。

［材料］

そうめん…１把（50g）
インスタントみそ汁の素…１杯分
熱湯…インスタントみそ汁の素の表示通りの分量

アジアの屋台で食べる朝食みたいでしょ

エスニック汁そうめん

［材料］

そうめん…1把（50g）
むきえび…小3尾
鶏がらスープの素…小さじ1
熱湯…1カップ
酢…小さじ2
ラー油…適量
万能ねぎ…1/2本

① 沸騰しているたっぷりの湯でそうめんとむきえびを一緒にゆでる。

② 器に鶏がらスープの素、熱湯、酢、ラー油を入れて混ぜる。

③ 湯をきった1のそうめんとむきえびを2に入れ、小口切りにした万能ねぎをちらす。

こってりピリ辛、そうめん初体験

坦々そうめん

1 沸騰しているたっぷりの湯でそうめんをゆでる。

2 湯をきった1のそうめんをボウルに入れ、ごまだれ、ラー油と和える。

3 器に盛りつけ、せん切りにしたきゅうりをのせる。

[材料]

そうめん…1把(50g)
ごまだれ…大さじ1 1/2
ラー油…適量
きゅうり…5cm

カロリーが気になる人も、これならバッチリ

フォー風春雨

① 耐熱容器に春雨、焼き鳥、鶏がらスープの素を入れて熱湯を注ぐ。

② 1にラップをかけて電子レンジで加熱する。

③ 粗びき黒こしょうをふり、斜め切りにした万能ねぎをちらす。

POINT
春雨は短時間でもどせるタイプのものを使うこと。

［材料］

春雨…小2玉（20g）
焼き鳥（缶詰・塩味）…3コ
鶏がらスープの素…小さじ1
熱湯…1カップ
粗びき黒こしょう…少々
万能ねぎ…1/2本

サーモンの代わりに…この手があったか！

さけとクリームチーズのベーグルサンド

①ベーグルを横半分に切る。

②ベーグルに、サラダ菜、クリームチーズ、さけフレークをのせてはさむ。

POINT
さけフレークのほかに、さけやさばの水煮缶で作ってもおいしい。

［材料］
ベーグル…１コ
サラダ菜…１枚
クリームチーズ…適量（30ｇほど）
さけフレーク…大さじ１ 1/2

脳が目覚めるスパイシーな朝ごはん

カレーコンビーフのベーグルサンド

1 ベーグルを横半分に切る。

2 コンビーフ、マヨネーズ、カレー粉、塩を混ぜ合わせる。

3 2をベーグルではさむ。

[材料]

ベーグル…1コ
コンビーフ…大さじ1 1/2
マヨネーズ…大さじ1 1/2
カレー粉…小さじ1/4
塩…少々

サンドイッチといえば
やっぱりBLTサンド！

ベーコンレタスサンド

① ベーコンは耐熱皿に並べ、ラップをかけずに電子レンジで45秒加熱する。

② バタールにバターを塗り、レタス、トマト、ベーコンをのせ、粒マスタードをかけてサンドする。

POINT

カリッとしたベーコンが好みなら加熱時間はレシピ通りに、やわらかいのが好みなら少し短い時間で。

[材料]

バタール（1cm厚さ）… 2 枚
ベーコン… 3 枚
レタス… 1 枚
トマト（薄切り）… 2 枚

バター… 10
粒マスター
…適量

なんと、これはテリヤキバーガーの味だ

テリヤキミートボールパン

［材料］

ホットドッグパン…１本
ミートボール（レトルト）…適量
サラダ菜…１枚
マヨネーズ…適量

① ミートボールを電子レンジで温める。

② ホットドッグパンに縦に切り込みを入れ、切れ目にサラダ菜をしき、ミートボールをたれごと詰めて、マヨネーズをかける。

POINT

マヨネーズにマスタードをプラスした、辛子マヨネーズをかけてもおいしい。

朝はやっぱり、ハムエッグではじまるのだ

ハムエッグマフィンサンド

1. マフィンを横半分に切る。
2. 耐熱容器にハムをのせ、卵を割り入れ、卵黄と卵白の数か所にフォークなどで穴をあける。塩こしょうをふってラップをかけ、電子レンジで卵がかたまるまで1分ほど加熱する。
3. マフィンで2のハムエッグをはさむ。

POINT
卵黄と卵白に数か所穴をあけないと、レンジ内で破裂するので忘れずに。

[材料]
マフィン…1コ
ハム…1枚
卵…1コ
塩、こしょう…各少々

チャーシューを使ったチャイナバーガー

中華マフィンサンド

1 マフィンを横半分に切る。

2 マフィンにチャーシューと薄切りにしたきゅうりをのせ、オイスターソースをかけてサンドする。

POINT
オイスターソースがなければ、チャーシューのたれでもOK。

［材料］
マフィン…1コ
チャーシュー…2枚
きゅうり…5cm
オイスターソース…大さじ1/2

昭和なサンドイッチは、ソース味が癖になる

キャベツサンド

1. せん切りキャベツは耐熱皿に入れてラップをし、電子レンジでしんなりするまで加熱する。
2. キャベツの水気をきり、粒マスタードとソースで和える。
3. 食パンで2のキャベツをはさむ。

[材料]

食パン（8 枚切り）… 2 枚
せん切りキャベツ
…ひとつかみ（キャベツの葉 1/2 枚分）
粒マスタード…小さじ 2
ソース
…大さじ 1

たまごサンドは面倒だけど、これなら簡単！

たまご焼きサンド

1 耐熱容器に卵を溶きほぐして塩こしょうを混ぜ、ラップをかけて電子レンジで50秒ほど卵がかたまるまで加熱する。

2 食パンにマヨネーズを塗り、1の卵をはさむ。

［材料］

食パン（8枚切り）…2枚
卵…1コ
塩、こしょう…各少々
マヨネーズ…大さじ1

パリジェンヌの朝ごはん…て、こんな感じ？

小えびとクリームチーズのオープンサンド

1. バタールを温めたオーブントースターで軽くトーストする。
2. むきえびは塩こしょうして電子レンジで加熱する。
3. 1のバタールにクリームチーズを塗り、2のむきえびを並べ、乾燥パセリをちらす。

POINT
冷凍のむきえびを使う場合は、レンジで中までしっかり温めること。

［材料］
バタール（2cm厚さ）…1枚
むきえび…6尾
クリームチーズ…適量（20gくらい）
塩、こしょう…各少々
乾燥パセリ…少々

朝からこんなに栄養とって、どうしよう…

アボカド明太子のオープンサンド

1. アボカドは縦1周切り込みを入れて、両手でひねって半分に分ける。種を取って皮をむき、5㎜幅の斜め切りにする。
2. 薄皮を取った明太子、マヨネーズ、レモン汁を混ぜる。
3. 温めたオーブントースターでバタールを軽くトーストし、アボカドをのせて2のソースをかける。

[材料]

バタール（2cm厚さ）…１枚
アボカド…１/２コ
明太子…大さじ１
マヨネーズ…大さじ１１/２
レモン汁…小さじ１

この組み合わせで、堂々イタリアンの不思議

さばとらっきょうのタルタルブルスケッタ

① バゲットを温めたオーブントースターで軽くトーストする。

② らっきょうと長ねぎを粗いみじん切りにし、さば、オリーブ油、塩、こしょうと混ぜ合わせる。

③ 1のバゲットに2のさばとらっきょうのタルタルをのせる。

［材料］

バゲット（1cm厚さ）…3枚
さばの水煮（缶詰）…適量（50gくらい）
らっきょう…小6コ
長ねぎ…3cm
オリーブ油…大さじ1/2
塩、こしょう…各少々

朝からワインが飲みたくなったらゴメン！

トマトとしらすのマリネのブルスケッタ

［材料］

バゲット（1cm厚さ）…3枚
プチトマト…3コ
しらす…大さじ2
塩…少々
レモン汁…小さじ1
オリーブ油…大さじ1/2

① バゲットを温めたオーブントースターで軽くトーストする。

② プチトマトをざく切りにし、しらす、塩、レモン汁、オリーブ油と混ぜ合わせる。

③ 1のバゲットに2をのせる。

要するに、ピザトーストですね

マルゲリータトースト

① 食パンにとけるチーズ、輪切りにしたプチトマトをのせる。

② 温めたオーブントースターでチーズがとけるまで焼く。

③ バジルをちらす。

[材料]

食パン（6枚切り）…1枚
とけるチーズ…2枚
プチトマト…2コ
バジル…3枚

要するに、ツナ入りピザトーストです

ツナピザパン

1 食パンにケチャップを塗り、ツナをのせ、ピザ用チーズをちらす。

2 温めたオーブントースターでチーズがとけるまで焼く。好みでタバスコをかける。

[材料]

食パン（6枚切り）…1枚
ケチャップ…大さじ2
ツナ（缶詰）…大さじ2
ピザ用チーズ…大さじ2
タバスコ…適宜

ピリッと目覚めるスパイシーな朝を約束

チーズカレートースト

① 食パンにとけるチーズをのせ、まんべんなくカレー粉をふりかける。

② 温めたオーブントースターでチーズがとけるまで焼く。

POINT

カレー粉ではなく、晩ごはんであまったカレーのルーをかけてチーズをのせて焼けば、ボリューム満点の朝食に。

［材料］

食パン（6枚切り）…1枚
とけるチーズ…2枚
カレー粉…少々

和風のディップはトーストにも合っちゃいます

豆腐トースト

1 食パンを温めたオーブントースターで焼く。

2 木綿豆腐を軽くつぶして水気をきり、かつおぶし、しょうゆ、小口切りにした万能ねぎを混ぜる。

3 1のトーストに2の豆腐ディップをのせる。

［材料］

食パン（6枚切り）…1枚
木綿豆腐…1/4丁
かつおぶし…ふたつまみ
しょうゆ…小さじ2
万能ねぎ…1/2本

最強タッグ！チョコとバナナにはずれなし！

チョコバナナトースト

［材料］
食パン（6枚切り）…1枚
バナナ…1/2本
板チョコ…適量

① 半分に切った食パンに、斜め薄切りにしたバナナを並べ、細かく砕いた板チョコをちらす。

② 温めたオーブントースターでチョコがちょっと溶けるまで焼く。

名古屋の喫茶店の
モーニングといったらこれ！

小倉トースト

1. 食パンを温めたオーブントースターで焼く。
2. 1のトーストにバターを塗り、ゆであずきをのせる。

［材料］
食パン（6枚切り）…1枚
ゆであずき（缶詰）…適量
バター…10g

チーズとはちみつで、意外なおいしさ新発見！

ハニーチーズトースト

1. 食パンにとけるチーズをのせ、温めたオーブントースターでチーズがとけるまで焼く。
2. 1のチーズトーストを4等分に切り、はちみつをかける。

［材料］

食パン（6枚切り）…1枚
とけるチーズ…1枚
はちみつ…大さじ1

素敵なあなたの、ヘルシーな朝食

シリアルと温野菜のサラダ

① ブロッコリーは食べやすい大きさに分け、にんじんは1cm角に切る。

② 1の野菜をラップをかけて電子レンジで好みのかたさに加熱する。

③ シリアルと2の野菜を合わせ、ドレッシングをかける。

[材料]

シリアル（無糖or微糖タイプ）…1カップ
ブロッコリー（小房）…2コ
にんじん…3cm
フレンチドレッシング…大さじ1 1/2

あら不思議！
これはタコスの味と食感です

ミートソースシリアル

① シリアルに、温めたミートソースをかける。

② 粉チーズと好みでタバスコをかける。

［材料］
シリアル（無糖or微糖タイプ）…１カップ強
ミートソース…大さじ４
粉チーズ…小さじ１
タバスコ…適宜

たぶん、想像通りの味とおいしさです

クラムチャウダーシリアル

1. クラムチャウダーの素に熱湯を注いで混ぜる。
2. シリアルに1のクラムチャウダーをかける。

［材料］

シリアル（無糖or微糖タイプ）…１カップ強
クラムチャウダーの素（粉末）…１杯分
熱湯
…クラムチャウダーの素の表示より少なめの分量

シリアルをオムレツの具にしちゃいました

シリアルオムレツ

［材料］

シリアル（無糖or微糖タイプ）…１カップ
卵…１コ
ミックスベジタブル…大さじ１ 1/2
塩、こしょう…各少々

①耐熱容器に卵、シリアル、ミックスベジタブル、塩、こしょうを入れてよく混ぜる。

②ラップをかけて電子レンジで卵がかたまるまで1分ほど加熱する。

③2のオムレツを半分に折り畳む。

サクサクからしっとりに、食感の変化が楽しい

おこげシリアル

①シリアルを器に盛りつけ、ちぎったレタスと刻んだハムをちらす。

②耐熱容器に水、鶏がらスープの素、オイスターソース、砂糖、片栗粉を入れてよく混ぜ、ラップをかけて電子レンジで加熱する。

③完全に熱くなったらよく混ぜ、熱いうちに1にかける。

POINT

あんは熱いうちによく混ぜないと、うまくとろみがつかないので注意。

［材料］

シリアル（無糖or微糖タイプ）…１カップ強
レタス…１枚　ハム…１枚
水…大さじ４
鶏がらスープの素…小さじ１/３
オイスターソース…小さじ１ １/２
砂糖…小さじ１
片栗粉…小さじ２/３

牛乳もヘルシー、でも、もっとヘルシーに豆乳で

豆乳シリアル

1. シリアルを器に入れる。
2. 豆乳を注ぎ、砂糖をふる。

POINT

温めた豆乳でも。そのときはドライフルーツ入りではなく、プレーンのシリアルで。

[材料]

シリアル（ドライフルーツ入りタイプ）…１カップ強
豆乳…３/４カップ
砂糖…大さじ１

疲れた胃袋は、こんな朝食を待っている

ヨーグルトシリアル

① シリアルを器に入れる。

② ヨーグルトをかけ、好みで砂糖をかける。

POINT

砂糖の代わりにはちみつを使えば、ちょっとリッチな感じ。

［材料］

シリアル（ドライフルーツ入りタイプ）…１カップ強
ヨーグルト…適量
砂糖…適宜

寒い朝に、からだも心も温まります

ホットココアシリアル

1 シリアルを器に入れる。

2 ミルクココアに熱湯を注いでホットココアを作り、1のシリアルにかける。

POINT
夏は冷たいココアでお試しを。

[材料]
シリアル（無糖or微糖タイプ）…1カップ強
ミルクココア（粉末）…1杯分
熱湯…ミルクココアの表示より少なめの分量

一年中、お雑煮気分で食べられる

もち茶漬け

①水にくぐらせたもちを耐熱皿にのせ、もちがやわらかくなるまで電子レンジで加熱する。

②もちを器に入れ、お茶漬け海苔をかけて熱湯を注ぎ、小口切りにした万能ねぎをちらし、わさびを添える。

[材料]

もち…1コ
お茶漬け海苔…1袋
熱湯…3/4カップ
万能ねぎ…1/2本
おろしわさび…少々

「朝はみそ汁」という人にオススメです

みそ雑煮

①水にくぐらせたもちを耐熱皿にのせ、もちがやわらかくなるまで電子レンジで加熱する。

②器にインスタントみそ汁の素を入れて熱湯を注ぐ。

③2のみそ汁にもちを入れる。

［材料］

もち…1コ
インスタントみそ汁の素…1杯分
熱湯
…みそ汁の素の表示より少なめの分量

甘いもので一日をスタートしたい人に

モーニングしるこ

① 水にくぐらせたもちを耐熱皿にのせ、もちがやわらかくなるまで電子レンジで加熱する。

② 器にゆであずきと熱湯を混ぜ合わせ、1のもちを入れる。

[材料]

もち…1コ
ゆであずき(缶詰)…大さじ4
熱湯…1/2カップ

力うどんからうどんを抜きました

力汁

①水にくぐらせたもちを耐熱皿にのせ、もちがやわらかくなるまで電子レンジで加熱する。

②器にめんつゆと熱湯を注いで1のもちを入れ、小口切りにした長ねぎ、かまぼこをのせる。

［材料］

もち…1コ
めんつゆ（3倍濃縮）…大さじ1 1/2
熱湯…3/5カップ（120cc）
長ねぎ…3cm
かまぼこ（薄切り）…2枚

もちに納豆をかけたって、いいじゃないか

納豆もち

①水にくぐらせたもちを耐熱皿にのせ、もちがやわらかくなるまで電子レンジで加熱する。

②納豆をよくかき混ぜ、粘りが出たら添付のたれと辛子を加え、1のもちにかける。

[材料]

もち…1コ
納豆…小1パック

もんじゃで人気の組み合わせは、
やっぱりうまい！

もち明太チーズ

① 水にくぐらせたもちを耐熱皿にのせ、もちがやわらかくなるまで電子レンジで加熱する。

② ピザ用チーズと明太子をのせる。

［材料］
もち…１コ
ピザ用チーズ…大さじ１/２
明太子…大さじ１/２

焼き肉のたれが磯辺焼きをパワーアップ

韓国風磯辺焼き

①水にくぐらせたもちを耐熱皿にのせ、もちがやわらかくなるまで電子レンジで加熱する。

②もちに焼肉のたれをからめて、5cm長さに切った万能ねぎをのせ、韓国海苔ではさむ。

[材料]

もち…1コ
焼肉のたれ…大さじ1/2
万能ねぎ…1本
韓国海苔…2枚

材料別さくいん

【野菜】

●オクラ
きざみオクラ丼……14

●きのこ
きのこのお茶漬け
海苔和え丼……47

●キャベツ
キャベツサンド……120

●きゅうり
シーフードサラダ丼……23
さばバンバンジー丼……28
チョレギサラダビビンバ……80
ライスサラダ……91
坦々そうめん……110
中華マフィンサンド……119

●ゴーヤー
ゴーヤーチャンプルー丼……20

●サラダほうれん草
魚肉ソーセージのごま和え丼……31

●サンチュ
チョレギサラダビビンバ……80

●トマト
トマト丼……22
ベーコンレタスサンド……115

●長いも
たたきとろろ丼……15

●長ねぎ
ねぎきつねうどん……101

●にら
にらとわかめのクッパ……56

●にんじん
シリアルと温野菜のサラダ……136

●プチトマト
ライスサラダ……91
トマトとしらすのマリネの
ブルスケッタ……126
マルゲリータトースト……128

●ブロッコリー
シリアルと温野菜のサラダ……136

●ベビーリーフ
海藻サラダ丼……24
シーザーパンサラダ……90

●ミックスベジタブル
シリアルオムレツ……140

●もやし
もやしとちくわの
カレードレッシング丼……46

●レタス
かにかま葉っぱ混ぜごはん……67
タコライス……74
ライスサラダ……91
ベーコンレタスサンド……115
おこげシリアル……142

【果物】

●アボカド
アボカドディップ丼……26
アボカド明太子の
オープンサンド……124

●バナナ
チョコバナナトースト……132

●りんご
りんごのコンポート……82

【魚介・海藻】

●海藻ミックス
海藻サラダ丼……24

●しらす
トマトとしらすのマリネの
ブルスケッタ……126

●むきえび
エスニック汁そうめん……108
小えびとクリームチーズの
オープンサンド……122

【卵】

●温泉卵
温玉ミートドリア……87

●卵
スクランブルエッグ丼……32
ハムエッグ丼……34
天津丼……35
焼き鳥親子丼……38
カツ丼……39
ロコモコ……76

オムライス……84
かま玉うどん……99
ハムエッグマフィンサンド……118
たまご焼きサンド……121
シリアルオムレツ……140

【豆腐・大豆製品】

●油揚げ
油揚げの焼肉丼……44
ねぎきつねうどん……101

●豆乳
豆乳雑炊……51
豆乳シリアル……143

●豆腐
ゴーヤーチャンプルー丼……20
メンマやっこ丼……27
豆腐チゲ丼……42
豆腐トースト……131

●納豆
めかぶ納豆丼……12
納豆もち……151

【缶詰】

●牛肉大和煮
肉混ぜごはん……68

●コーン
コーンごはん……73

●コンビーフ
カレーコンビーフのベーグルサンド……114

●さばの水煮
さばバンバンジー丼……28
さばとらっきょうのタルタルブルスケッタ……125

●さんまの蒲焼き
チーズ蒲焼き丼……45

●ツナ
ツナキムチ丼……30
ツナ混ぜごはん……69
ツナピザパン……129

●フルーツミックス
フルーツヨーグルト……83

●ほたて
中華ほたて混ぜごはん……64

●ミートソース
タコライス……74
温玉ミートドリア……87
ミートソースシリアル……138

●ミックスビーンズ
豆ごはん……72

●焼き鳥
焼き鳥コチュジャン丼……16
焼き鳥親子丼……38
フォー風春雨……111

●ゆであずき
小倉トースト……134
モーニングしるこ……149

【レトルト食品】

●ハンバーグ
ロコモコ……76

●ミートソース
タコライス……74
温玉ミートドリア……87
ミートソースシリアル……138

●ミートボール
テリヤキミートボールパン……116

【加工食品】

●味つきめかぶ
めかぶ納豆丼……12

●味つきメンマ
メンマやっこ丼……27

●味つきもずく
冷やしもずくそうめん……103

●かにかま
シーフードサラダ丼……23
かにかま中華粥……54
かにかま葉っぱ混ぜごはん……67

●かまぼこ
にゅうめん……106
力汁……150

●韓国海苔
さけチーズ韓国海苔の混ぜごはん……66
韓国風磯辺焼き……153

●魚肉ソーセージ

魚肉ソーセージのごま和え丼……31
●**昆布の佃煮**
冷やし茶漬け……59
●**さけフレーク**
さけの混ぜ寿司……60
さけチーズ韓国海苔の混ぜごはん……66
さけとクリームチーズのベーグルサンド……112
●**塩昆布**
なめ茸昆布うどん……100
●**ちくわ**
なんちゃって天丼……40
もやしとちくわのカレードレッシング丼……46
●**とろろ昆布**
とろろ昆布と梅のにゅうめん……104
●**なめ茸**
なめ茸昆布うどん……100
●**梅肉**
きざみオクラ丼……14

梅卵雑炊……48
●**ハム**
ハムエッグ丼……34
ピザ焼きめし……81
ハムエッグマフィンサンド……118
おこげシリアル……142
●**ベーコン**
ベーコンレタスサンド……115
●**明太子**
明太子うどん……96
アボカド明太子のオープンサンド……124
もち明太チーズ……152

【惣菜】
●**切り干し大根の煮物**
フライパン焼きビビンバ……78
●**きんぴらごぼう**
きんぴらサラダごはん……77
フライパン焼きビビンバ……78
●**コロッケ**
甘辛コロッケ丼……36

●**チャーシュー**
ねぎチャーシュー丼……19
中華マフィンサンド……119
●**鶏の唐揚げ**
ユーリンチー丼……18
チキン南蛮丼……41
●**豚カツ**
カツ丼……39
●**ひじきの煮物**
ひじきとゆかりの混ぜごはん……62
フライパン焼きビビンバ……78
●**ポテトサラダ**
ポテサラグラタン……88

【チーズ】
●**カマンベールチーズ**
チーズフォンデュ……95
●**クリームチーズ**
さけとクリームチーズのベーグルサンド……112
小えびとクリームチーズのオープンサンド……122

●**とけるチーズ**
ポテサラグラタン……88
マルゲリータトースト……128
チーズカレートースト……130
ハニーチーズトースト……135
●**ピザ用チーズ**
チーズ蒲焼き丼……45
さけチーズ韓国海苔の混ぜごはん……66
タコライス……74
ピザ焼きめし……81
ポタージュドリア……86
オニオングラタンスープ……94
ツナピザパン……129
もち明太チーズ……152

【漬け物】
●**梅干し**
きざみオクラ丼……14
梅卵雑炊……48
お粥……52
冷やし茶漬け……59

とろろ昆布と梅のにゅうめん……104
●キムチ
ツナキムチ丼……30
豆腐チゲ丼……42
キムチクッパ……55
みそバタキムチうどん……98
●しば漬け
かくやごはん……63
●つぼ漬け
かくやごはん……63
●らっきょう
さばとらっきょうの
タルタルブルスケッタ……125

【スープ・汁物の素】
●インスタントみそ汁の素
みそバター雑炊……50
キムチクッパ……55
みそ汁そうめん……107
みそ雑煮……148
●お吸い物の素
にゅうめん……106
●オニオンスープの素
オニオングラタンスープ……94
●クラムチャウダーの素
クラムチャウダーシリアル……139
●コーンスープの素
コーンスープのパン粥……58
●卵スープの素
梅卵雑炊……48
●トマトスープの素
トマトスープうどん……102
●ポタージュの素
ポタージュドリア……86
●わかめスープの素
にらとわかめのクッパ……56

【飲み物】
●牛乳
ミルク粥……53
●冷たい緑茶
冷やし茶漬け……59
●豆乳
豆乳雑炊……51
豆乳シリアル……143
●トマトジュース
トマトリゾット……92
●ミルクココア
ホットココアシリアル……145

【調味料】
●カレー粉
チーズカレートースト……130
●ごまだれ
坦々そうめん……110
●バター
バターしょうゆごはん……70
みそバタキムチうどん……98
●みそ
みそバタキムチうどん……98
●焼き肉のたれ
韓国風磯辺焼き……153

【そのほか】
●揚げ玉
なんちゃって天丼……40
たぬきごはん……71
●お茶漬けの素
きのこのお茶漬け
海苔和え丼……47
もち茶漬け……146
●ごはん
ライスサラダ……91
●チョコレート
チョコバナナトースト……132
●バゲット
コーンスープのパン粥……58
シーザーパンサラダ……90
オニオングラタンスープ……94
●はちみつ
ハニーチーズトースト……135
●春雨
フォー風春雨……111
●ヨーグルト
フルーツヨーグルト……83
ヨーグルトシリアル……144

青春新書
PLAYBOOKS

人生の活動源として

いま要求される新しい気運は、最も現実的な生々しい時代に吐息する大衆の活力と活動源である。

文明はすべてを合理化し、自主的精神はますます衰退に瀕し、自由は奪われようとしている今日、プレイブックスに課せられた役割と必要は広く新鮮な願いとなろう。

いわゆる知識人にもとめる書物は数多く窺うまでもない。

本刊行は、在来の観念類型を打破し、謂わば現代生活の機能に即する潤滑油として、逞しい生命を吹込もうとするものである。

われわれの現状は、埃りと騒音に紛れ、雑踏に苛まれ、あくせく追われる仕事に、日々の不安は健全な精神生活を妨げる圧迫感となり、まさに現実はストレス症状を呈している。

プレイブックスは、それらすべてのうっ積を吹きとばし、自由闊達な活動力を培養し、勇気と自信を生みだす最も楽しいシリーズたらんことを、われわれは鋭意貫かんとするものである。

―創始者のことば―　小澤和一

著者紹介

きじま りゅうた

1981年東京生まれ。祖母は料理研究家の村上昭子、母は同じく料理研究家の杵島直美という家庭に育ち、幼いころから料理に自然と親しむようになる。杵島直美のアシスタントを経て独立し、現在、新進気鋭の若手料理研究家として、テレビや雑誌、書籍など、さまざまなフィールドで活躍。誰もが「うまいっ！」とうなるレシピを次々発表している。著書に『ゼロからはじめる自炊の教科書』(大泉書店)、『りゅうたのフライパンひとつで男めし』(泉書房)、『弁当男子』(自由国民社)などがある。

〈オフィシャルブログ〉

http://www.daidokolog.com/

Staff

本文デザイン

田中 彩里

原田 かおり

撮影

小野 岳也

スタイリング

room F

朝から うまっ 1分ごはん　　青春新書 PLAYBOOKS

2010年 6月20日　第1刷

著　者　　きじまりゅうた

発行者　　小澤源太郎

責任編集　株式会社プライム涌光

電話　編集部　03(3203)2850

発行所　東京都新宿区若松町12番1号　〒162-0056　株式会社青春出版社

電話　営業部　03(3207)1916　振替番号　00190-7-98602

印刷・大日本印刷　　製本・フォーネット社

ISBN978-4-413-01908-8